Caroline Barber

Marianne Pasquet

Bidouille Circus

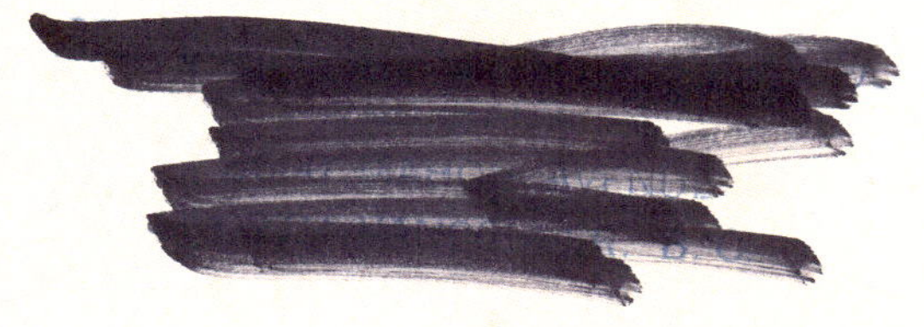

Les P'tits Bérets

Robert Bidouille

dit Le Boiteux

Je n'ai pas toujours été directeur de cirque, ni Monsieur Loyal. Dans ma jeunesse, j'ai fait carrière sur les pistes de cirque du monde entier comme homme canon. Chaque soir, accompagné de ma femme Roberta, experte en nitroglycérine, dynamite et autres pétards d'allumage, j'enflammai le public venu voir La Rockette, l'homme le plus rapide de l'Univers. Celui qui touchait des doigts les étoiles.

Les spectateurs voulaient de l'audace, du suspens, du jamais-vu. C'était justement la spécialité de notre duo explosif. Le rituel de La Rockette avant le décollage attisait leur curiosité. Le système de mise à feu imaginé par Roberta fascinait. Parfois le premier rang sentait le roussi, une flammèche chatouillait les trous de nez d'un spectateur intrépide ou encore un sapeur-pompier sauvait *in extremis* la mise en pli de Roberta.

Le 13 octobre 1976, ma vie prit une tournure inattendue. Alors que je venais d'effectuer parfaitement l'*envol du condor*, version triple mèches au kérosène, j'ai raté mon atterrissage. Cette mauvaise chute mit fin à ma carrière. J'ai perdu un bout de ma jambe droite et gagné un nouveau sobriquet : Le Boiteux. Sans emploi, j'ai dû me recycler !

Après l'accident, j'ai donc créé ce cirque, mis mon extravagant habit d'homme canon au placard pour revêtir le costume de Monsieur Loyal. Désormais, chaque soir, je présente les artistes. Sous ce chapiteau, tu ne verras ni caniches savants, ni puces sauteuses... Et encore moins d'éléphants élégants. Non. Ici, rien que des hommes et des femmes. Ensemble, nous formons une famille de saltimbanques presque ordinaires. Celle du Bidouille Circus. Suis-moi, je vais te les présenter !

BIDOUIL
CIRCUS

Roberta Bidouille

cascadeuse

Quel brin de femme, cette Roberta !
Toujours un bâton de dynamite dans la poche arrière de sa salopette !
Enfin, ça, c'était avant. Avant l'accident de *l'envol du condor*, triple mèches au kérosène.
Maintenant, elle traîne partout avec elle une clé à molette. La mécanique et la moto sont ses deux nouvelles passions. Au Bidouille Circus, elle a son propre numéro solo.

Le plus dangereux de tous : la boule infernale.

Chaque soir, sur sa pétrolette à mazout, elle enchaîne des cascades à grande vitesse : *la vrille de la mort*, l'effroyable *saute-mouton*, *la cabriole du diable*...
Elle est la plus douée dans le métier. Aucun autre cascadeur n'est assez aventureux pour tenter la moitié de ses folies mécaniques. Mais surtout, elle est la seule et unique à se risquer dans la boule infernale. Cette grande sphère métallique dans laquelle Roberta lance son bolide à tout brindezingue.

Ce soir, encore, je la regarde faire son numéro. Trois tours de chauffe dans ce monstre de métal et la voilà engagée dans la partie la plus périlleuse. La boule s'ouvre.
Les spectateurs retiennent leur souffle. On entend juste le bruit du moteur. Roberta lève un doigt, deux, trois, quatre. C'est le signal. Ce soir, ce sera le quadruple tourbillon vrillé.
Le chapiteau hurle de joie et de frayeur. Tous les yeux sont rivés sur elle. Deux coups d'accélérateur retentissent.
C'est parti. La cascadeuse lâche les freins et s'élance pour la grande finale.

Un. Deux. Trois.
Quatre tourbillons parfaits. Atterrissage précis sur un somptueux tapis. Extinction du moteur. Applaudissements.
Sous le regard admiratif du public, Roberta enlève ses gants, son casque et ses lunettes. Avec élégance, elle retire sa combinaison. Dessous se dévoile une éblouissante robe de soirée. Ainsi vêtue, elle se dirige vers les gradins pour s'asseoir à côté d'un spectateur surpris. Et là, tranquillement, l'air de rien, elle assiste à la suite du spectacle.

Les géants Myrmidon

danseurs de tango

Les soirs de spectacle, Ursule et Lucien sont les géants Myrmidon. Le temps de lacer leurs souliers vernis sur les cales de bois et hop, ils grandissent instantanément. Juchés sur leurs échasses, ils partent dans un *tournicoti* de jambes. Le couple se colle, s'éloigne, s'enroule, se déroule au rythme d'un tango endiablé. Ursule scintille aux bras de son amoureux de mari. Sa robe virevolte. Ses perles cliquettent. Lucien, lui, dans son beau costume rayé, rayonne de voir sa douce danser.

Les époux Myrmidon se trémoussent dans les airs depuis plusieurs années. C'est une lubie d'Ursule ; une envie de voir la vie d'en haut. Par amour, Lucien lui construisit des échasses et comme il était curieux aussi, il s'en fit une paire pour lui. Au début, la folie des grandeurs les a complètement déboussolés. Ils sont restés perchés pendant plus d'une année. Heureusement, une pâquerette les a fait trébucher et a remis en place leurs idées.

Désormais, ils prennent de l'altitude simplement pour danser. La fièvre des hauteurs ne dure pas plus d'une demi-heure. Juste de quoi avoir le tournis et partager avec les spectateurs un peu de leur douce folie. Le reste du temps ? Lucien et Ursule sont comme Monsieur et Madame Tout-le-Monde. Dans leur roulotte, Lucien collectionne des cils de sa bien-aimée dans des boîtes d'allumettes pendant qu'Ursule tricote des chandails de laine pour les coccinelles enrhumées.

L'extralucide
Barbarina
«L'art divinatoire des femmes à barbe t'interpelle ?
Tu aimerais apprendre à lire dans tes propres poils ?
Tu aimerais en faire ton métier ?
Alors, tu es peut-être celle que je cherche.
Rendez-vous, dans ma roulotte, entre les heures de prédiction.»

BARBARINA

extralucide

Quand les gens viennent l'interroger sur leur avenir, Barbarina commence par observer ce qui est différent chez eux. Pour certains, ce sont leurs pieds. D'autres, leurs idées. Une fois cette particularité découverte, Barbarina caresse son élégante barbe à la recherche du poil qui convient. Elle le détache. Le respire. Puis, le roule délicatement entre ses doigts. Parfois, quand le futur reste caché, l'extralucide a besoin d'un autre poil pour lire ce qui va se passer. Je me souviens du jour où elle me prédit mon avenir. C'était quelque temps après *l'envol* raté du *Condor*. Il lui fallut trois poils pour y arriver.

L'art divinatoire des femmes à barbe est très ancien. Il se transmet de mère en fille, dès l'apparition du premier poil sur les joues rosées des demoiselles. Celui de Barbarina est sorti d'un seul coup, à l'âge de 8 ans, sur le coin d'une joue. Un fin et soyeux poil noir de trois centimètres de long.

Depuis peu, en plus de lire l'avenir, Barbarina forme des jeunes filles à l'art des femmes à barbe. Comme elle est mère de sept garçons, elle cherche une future apprentie à qui confier son don. Elle conseille aux jeunes filles intéressées de commencer par des rouflaquettes. Rien de bien compliqué. Juste quelques mèches de cheveux collées sur les tempes. Elle recommande de les garder une semaine pour s'habituer à cette nouvelle beauté. Pour celles qui ne tournent pas de l'œil à la première touffe aperçue, Barbarina suggère de passer, en douceur, à la moustache puis à la barbe.

La moustache hongroise pour obtenir la double vision.
La Charlot pour développer l'avenir express.
Le Fu Manchu pour exercer les prédictions multidirections.
La barbiche tressée pour démêler les situations compliquées.
Le bouc pour venir à bout des petits tracas.
La Viking pour les expertes.

Barbarina m'a chuchoté que, pas plus tard qu'hier matin, ses poils avaient frémi. Elle pressent trouver très bientôt la jeune fille à qui offrir son don.

était une fois… un livre.
aux cheveux d'or
Le Petit

GUSTAVO

homme-orchestre

Les jours de la Grande Parade, il faut le voir traverser les villages avec sa Festive Tramontane sur le dos. À lui tout seul, Gustavo est un vrai tohu-bohu musical. Les soirs de spectacle, les enfants sont impressionnés par sa scie musicale. Perché sur le chapeau de l'homme-orchestre, l'engin ondule en laissant s'évader sa métallique mélodie. Mais ce qui rend Gustavo le plus heureux, c'est quand son père, ses frères, ses oncles et cousins viennent voir son numéro. Ces soirs-là, le chapiteau tremble sous leurs applaudissements. Ces géants des bois agitent fièrement leurs grosses mains, touchés droit au cœur par la musique forestière de leur ancien compère de coupe.

Car avant d'être homme-orchestre, Gustavo était bûcheron. De génération en génération, depuis l'arrière-arrière-grand-oncle Alejandro, les garçons de sa famille coupaient du bois. Ce n'était pas de veine pour cet amoureux des grandes forêts. La seule vue d'une tronçonneuse sur l'écorce d'un chêne le mettait dans tous ses états. Pourtant, il aimait ses outils, mais à sa façon.

Pendant ces années de bûcheronnage, Gustavo débuta la confection de nombreux instruments de musique. Il mélangeait machinerie à tronçonner et éléments forestiers. C'était sa manière à lui de concilier vie bûcheronne, passion sylvestre et musique. Entre ses mains, sa hache devenait un instrument mélodieux. À chaque fois que de gros glands séchés cognaient doucement l'acier émoussé, l'outil résonnait d'un délicieux ploc ploc.

À cette époque, ce drôle de bûcheron rêvait d'une vie d'artiste. Son vœu fut exaucé un soir de novembre, lors d'une représentation du Bidouille Circus sur la place de son village. Ce soir-là, Gustavo sut quel chemin suivre. Il fit son baluchon, quitta père, frères, oncles et cousins et rejoignit notre troupe de saltimbanques. Il mit fin à sa vie dans les bois et débuta celle d'homme-orchestre.

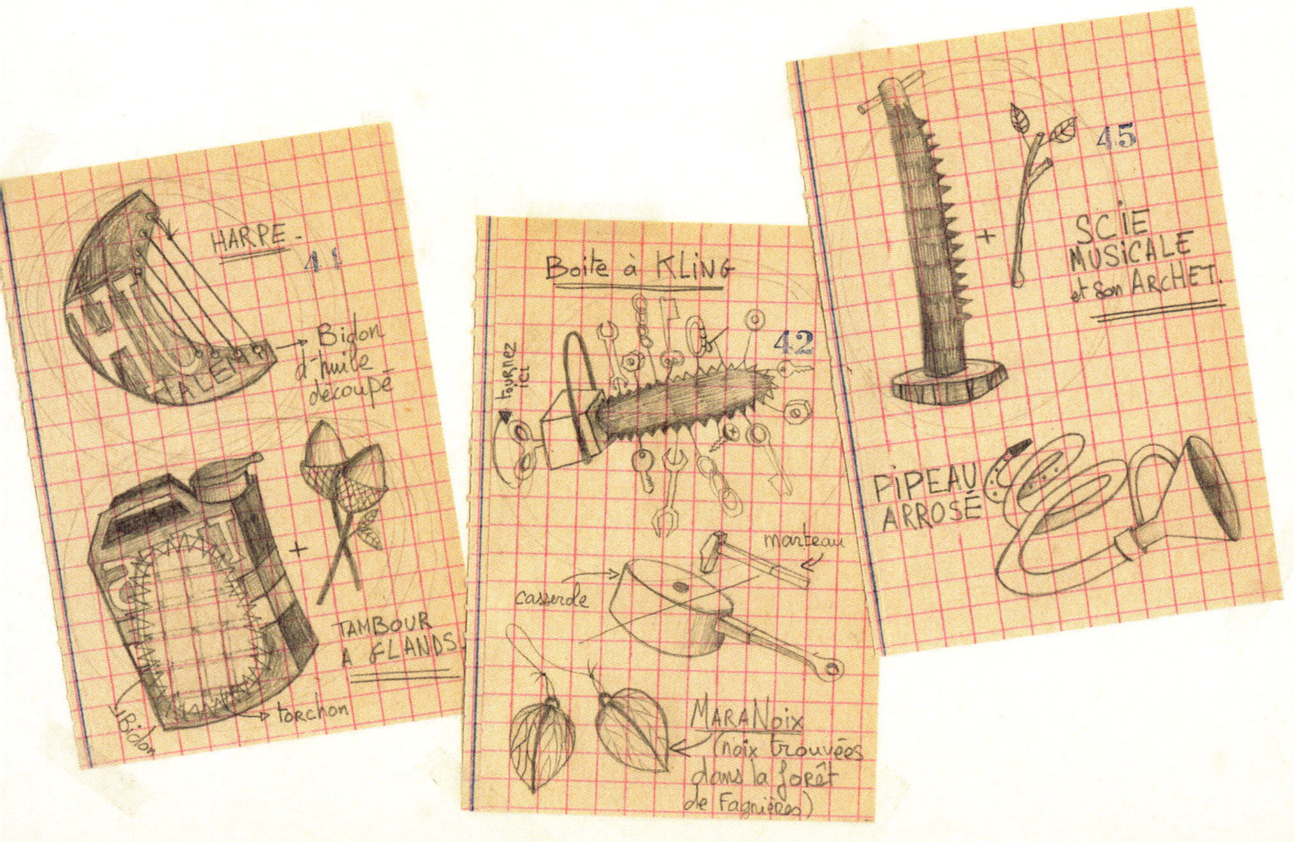

Ton Bidouille Circus est attendu, de ville en ville, pour des représentations. Attention, aux défis rigolos sur le parcours ! À vos marques - Prêts ? - Lancez !

u emprunte un dé dans un autre jeu. Lance-le et avance de case en case.

…ILLE …-LE JEU

Alba-la-Romaine 6 · Alès 7 · 8 · Auch 9 · Toulouse Balma 10 · 11 · Boulazac 12 · 13 · Strasbourg Obernai 14 · Nexon 15 · Bourg-Saint-Andéol · Amiens 26 · 25 · 27 · Elbeuf 28 · 29

is cases. / **N° 8**: Marinette te lance un défi. Raconte une histoire drôle pour faire rire les autres joueurs, si tu y
r avec trois objets ronds (fruits, pelotes de laines ou encore chaussettes en boule…). Si tu réussis à jongler deux
ublié la moto de Roberta chez le garagiste de Balma, retour à la case 10 pour la chercher. / **N° 16**: ce soir, c'est
n verre dans le buffet à vaisselle du dimanche et essaie de le faire siffler. Tu y es arrivé ? Bravo, alors rejoue ! /
eurs te donnent chacun une note de 1 à 3 points. Additionne ces notes pour connaître le nombre de case bonus. /
e ton choix et essaie de te coiffer comme lui/elle. / **N° 27**: Nino te demande de passer un message au prochain
verra peut-être à Lannion (nombre pair, retourne à la case 21) ou à Montréal dans un festival (nombre impair, tu
ercher. **ARRIVÉE →** le premier arrivé gagne le droit de jouer une nouvelle partie !
y en a bien d'autres… Si tu habites près de l'une d'elles, que dirais-tu d'aller voir un spectacle de cirque, en vrai,

Bidouille Circus - **Éditions Les P'tits Bérets - Caroline Barber + Marianne Pasquet**

BIDOUILLE
CIRCUS

Barbarina
VioletteRose
Robert
Roberta
Mime
MARCEL
Lili
Gustavo
Les Myrmidons
Darinette
CAROLINE BARBER ET MARIANNE PASQUET AUX ÉDITIONS LES P'TITS BÉRETS

Bienvenue dans l'itinéraire du Bidouille Circus ! Comment jouer ? Pour débuter, chaque joueur fabrique un petit chapiteau (personnalisé et décoré de ses couleurs préférées…)

qui servira de pion. C'est parti, tous les chapiteaux sur la case départ. Fabric

BIDO
CIRCU

DÉPART

1 Châlons-en-Champagne
2 Cusset
3
4 Paris
5 Rosny-sous-Bois
16
17 Châtellerault
18
19 Marseille La Seyne-sur-Mer
20
21 Lannion
22
23 Cherbourg
24 Lille
30 Montréal

N° 3 : les Géants Myrmidons te prêtent leurs échasses, fais un bon en avan
arrives, relance le dé. / **N° 11** : les sœurs Crumble te lancent un défi : essaie d
fois sans faire tomber tes objets, avance de trois cases. / **N° 13** : le Bidouille Cir
relâche : pas de représentation, passe ton tour. / **N° 18** : Marcel te lance un défi. P
N° 20 : défi dessin : sur une feuille de papier, dessine le personnage du Bidouille Circus que tu préfères. Puis les au
N° 22 : ce soir, c'est relâche : pas de représentation, passe ton tour. / **N° 25** : choisis le personnage du Bidouille C
oiseau que tu croiseras : « *Oiseau de papier, tu t'es envolé* (lance le dé) *! Libre comme l'air, salut mon compère. C*
es arrivé) ». / **N° 29** : le Bidouille Circus a laissé la roulotte de Robert derrière lui à Amiens, retour à la case 26 po
Toutes les villes de ce jeu sont de vraies étapes pour les circassiens (acrobates, clowns, trapézistes, jongleurs…).
avec ta famille ! À vous, le frisson, les rires, la joie et la poésie… Amusez-vous et bon spectacle !

MARINETTE
clown

Marinette n'aime pas les jours tièdes, la barbe à papa, les trottoirs des tartes aux fraises, les pulls qui grattent, manger de la cervelle, étendre le linge, faire le guépard. Et encore moins, les longues chaussures rouges, les fleurs gicleuses et les nez qui font pouet-pouet.

Marinette aime les rires. Chaque soir, elle les attire à grands coups de ronchonades. Les saupoudre de fantaisie. Les saucissonne de poésie. Quand certains lui donnent du fil à retordre, Marinette sort son arme secrète. Les pleurnichonades. Elle éclabousse le cœur des spectateurs de longs pleurs incontrôlés. Le résultat est immédiat. Des rires éclatent et la gaieté se propage dans le chapiteau tout entier. Même les plus récalcitrants n'y résistent pas. Quand un rire s'accroche à un de ses pleurs, Marinette s'amuse avec. Elle le fait rebondir de soupirs en sanglots et le laisse s'envoler dans ses bulles de savon.

Une fois son numéro terminé, Marinette ôte son nez, vibrant encore des rires de la soirée. Elle accroche son costume et se faufile, *incognito*, sous le chapiteau voir la fin de la représentation. Elle vient peut-être juste de s'asseoir à côté de toi.

Les Sœurs Crumble

jongleuses siamoises

Sans les sœurs Crumble, la vie au Bidouille Circus manquerait cruellement de piquant. Il faut les voir s'envoyer des noms d'oiseaux, pour un oui, pour un non. Les soirs de spectacle, c'est pire encore. Tout est prétexte à la chicane. Quel costume porter ? Quels souliers enfiler ? Par quel tour commencer ? Faut dire qu'elles sont nées siamoises. Avec deux paires de bras, quatre jambes, deux têtes, deux caractères, le tout attaché ensemble par la hanche, les choses sont donc un tantinet plus compliquées.

De leurs chamailles est né leur goût pour la jonglerie. Un jour qu'elles se disputaient un parapluie fraîchement acheté, celui-ci s'échappa des mains de Violette, s'envola dans les airs et atterrit dans celles de Rose. Fascinées par la danse improvisée du parapluie, elles éclatèrent de rire et s'amusèrent à se le lancer, encore et encore. Ne voulant plus s'arrêter de jongler, les deux sœurs en achetèrent d'autres et s'entraînèrent avec deux, trois, puis cinq. Elles essayèrent ensuite avec tout ce qui leur passait sous la main : brosses à cheveux, aiguilles à tricoter, abat-jour, machines à laver. Même la ménagère en argent de mémère ne fut pas épargnée.

Il n'y a pas un jour sans qu'elles ne testent de nouveaux tours. Cet après-midi, j'ai vu Violette avec la valise de Raoul, le contorsionniste. Rose ne semblait pas d'accord du tout. Elle suppliait sa sœur d'arrêter de la secouer. Comme Violette n'en faisait qu'à sa tête, Rose sortit de ses gonds. La bataille a pris. La valise s'est ouverte. Raoul s'en est extirpé tout chamboulé. Va savoir quelle sera leur prochaine folie. Avec les sœurs Crumble, personne n'est à l'abri.

NINO
dresseur d'oiseaux de papier

Nino vient tout juste d'arriver au Bidouille Circus, avec ses tics et ses légers tacs qui envahissent sa journée. Quand je l'ai rencontré, les sacoches pleines de papier, il courait après un prospectus de machine à laver. D'une main agile, j'ai vu Nino l'attraper, le plier, le déplier, le replier. Lui chuchoter quelques mots avant de le laisser s'envoler, à nouveau, sous la forme d'un bel oiseau.

Depuis cet étrange tête-à-tête, Nino a rejoint notre famille de saltimbanques. Les sœurs Crumble lui ont même prêté leur roulotte de secours, qui est devenue une vraie volière. Dans la caravane, ça vole dans tous les sens. Parfois des petits zozios tout juste éclos des doigts de Nino profitent d'une fenêtre entrebâillée pour s'échapper dans un bruissement de papier.

Les journées de Nino sont bien remplies. Tout d'abord, il vérifie son stock. Puis, il part après sa toilette et son septième dé à coudre de chocolat tiède, à la recherche de prospectus, revues ou autres journaux locaux, au cas où il lui en manquerait. Une fois satisfait de sa cueillette, il retourne à la roulotte. Il ouvre ses sacoches et sépare leur contenu en différentes piles sur la table de camping. Il sort le torchon, celui à carreaux vert, toujours le même, allume le fer en position « délicat » et boit, cette fois, deux dés à coudre de chocolat froid. Selon Nino, c'est le temps qu'il faut pour que le fer atteigne la bonne température. Ensuite, d'une main, il attrape un papier. De l'autre, le torchon. Il les pose l'un par-dessus l'autre et commence le repassage.

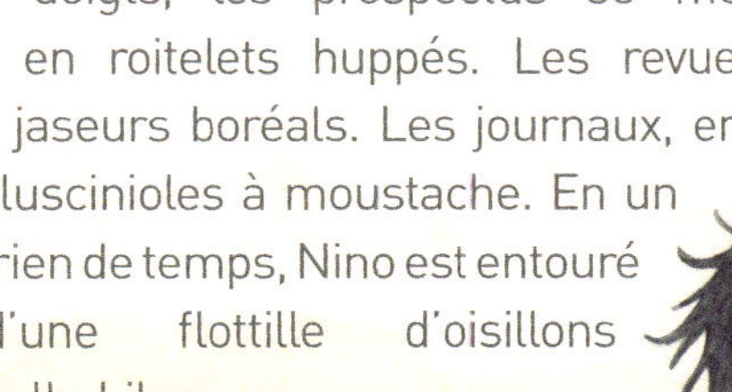

À quatre heures pile, il range soigneusement dans des boîtes à chaussures les papiers défripés et rejoint Marcel Biscotto pour déguster un sushi en cornet. L'encas terminé, Nino débute le pliage. Sous ses doigts, les prospectus se métamorphosent en roitelets huppés. Les revues, en jaseurs boréals. Les journaux, en luscinioles à moustache. En un rien de temps, Nino est entouré d'une flottille d'oisillons malhabiles.
Cela fait maintenant une bonne semaine que Nino s'excerce pour dévoiler ce soir, son premier numéro de dresseur d'oiseaux de papier.

Lili Voltige

acrobate

Lili est née dans l'illustre famille Voltige, acrobates volantes de mère en fille. Tout commence, dans les années folles, avec son arrière-grand-mère Olga et son audacieux triple pendu. Simone, sa grand-mère, se distingue avec un numéro de chaise aérienne, quelques années plus tard. Berthe, sa mère, est une pionnière du *piqué américain*.

Lili, elle, n'a pas encore de numéro. Car, Lili a un souci : la peur des hauteurs. Ses genoux se cognent dès que ses pieds quittent le sol. Impossible de monter plus haut qu'un escabeau. La première fois qu'elle a grimpé le long du grand mât chinois, les chocottes l'ont envahie et elle s'est évanouie. Depuis cet événement, tout le monde au Bidouille Circus la surnomme Lili Vertige.

Pour vaincre sa crainte, Nino lui a conseillé de se bander les yeux. Barbarina lui a concocté des élixirs dompteurs de frayeurs. Son père, un as de la couture, lui a même confectionné des costumes anti-trouille. Mais rien à faire, sa peur du vide est plus forte. Dès que les pieds de Lili quittent le sol, son cœur se lève, la tête lui tourne et c'est la catastrophe.
Sa carrière de voltigeuse avait donc plutôt mal commencé.

En tout cas, c'était avant-hier soir. Je faisais ma promenade digestive quand j'ai découvert Lili suspendue par un pied, la tête en bas. Sur le coup, j'ai cru que j'avais la berlue ! Lili Vertige dans le tissu ? Impossible ? Mais si, c'était bien elle. Oui, mais toute endormie ! Je me suis assis silencieusement dans le chapiteau désert et j'ai attendu la suite.
Cela n'a pas été long. Sous mes yeux ébahis, Lili a enchaîné *étoile*, *sirène* et *enroulette*. Pour couronner le tout, elle m'a offert un final vertigineux. Une *chute superman*. Du sommet du tissu, sans l'ombre d'une hésitation, elle s'est jetée dans le vide. Quel numéro ! Lili est ensuite descendue tranquillement du tissu. Elle est sortie du chapiteau. Je l'ai suivie pour m'assurer qu'elle retournait bien se coucher. Elle est entrée dans sa roulotte, comme si de rien n'était.

Olga Voltige, son aïeule n'a plus de souci à se faire. Lili, son arrière-petite-fille vient de trouver son style. Je te parie que, sous peu, le Bidouille Circus présentera un numéro inédit de somnambule volante.

Marcel est l'homme à tout faire du Bidouille Circus. Le jour, il s'occupe de tout ce qui nécessite de gros bras. À lui tout seul, il est capable de hisser le chapiteau, d'installer en une seule fois trapèzes, matériel de jonglerie, instruments à musique avec orchestre compris. Car Marcel, des biscoteaux, il en a. Ses doigts sont gigantesques. Dix fois plus gros que des saucisses cocktail. Sous le chapiteau, tout le monde vous le dira, le super balèze, c'est Marcel.

Mais le soir venu, quand le spectacle commence, Marcel s'éclipse dans la cuisine du cirque. Là, dans le douillet du secret, il abandonne son habit de gros costaud. Car si ses énormes bras lui permettent de porter n'importe quoi, ses doigts, eux, même dix fois plus gros que des saucisses cocktail, sont légers et délicats. Quand ils effleurent les verres à peine sortis de l'eau de vaisselle, ils en font jaillir une musique exquise. Depuis qu'il a découvert cet étrange talent, Marcel fait chanter n'importe quelle chopine à boisson : les verres à pieds, à moutarde, les tasses, les bocks, les mazagrans et même les flûtes à champagne.

Chaque soir, dès la tombée du rideau, Marcel offre un spectacle à son public invisible. D'abord, il choisit ses compagnons. Il leur parle. Les écoute. Ensuite, sur la nappe verte, sa préférée, il les dispose. En chœur. En duo. Il arrive même qu'un verre dont la mélodie pique les yeux, devienne soliste pour une soirée. Puis, le troubadour aux allures d'Hercule réchauffe ses mains. S'éclaircit la gorge pour chasser les derniers brins de timidité. Prend quelques inspirations. Et enfin, après s'être assuré qu'acrobates, jongleurs, voltigeurs et compagnie soient occupés ailleurs, Marcel débute le concert. Mais chut, pas un mot, notre grand costaud n'est pas encore prêt pour montrer son numéro.

MARCEL
BISCOTTO
homme à tout faire
Simone

Lili

Marcel

Marinette

Luce

Roberta

Robert

Ursule

Lucien

Tu connais maintenant Roberta, Ursule et Lucien, Barbarina, Gustavo, Marinette, Violette et Rose, Nino, Lili et Marcel. Sans oublier Luce, Raoul et Katarina, mes enfants, qui apparaissent timidement dans certains numéros.
Si l'appel des saltimbanques vibre en toi, n'hésite plus, viens frapper à la porte de ma roulotte et partage avec nous la vie trépidante du **BIDOUILLE CIRCUS**.